Eva Reuys / Hanne Viehoff

Jetzt kommen wir!
Ideen und Spiele für die 1- bis 3-Jährigen

Wir klatschen, singen, tanzen

Gerne nehmen wir Ihre Anregungen, Wünsche, Kritik oder Fragen entgegen:
Don Bosco Medien GmbH, Sieboldstraße 11, 81669 München
Servicetelefon: (0 89) 4 80 08-341

Bibliografische Information der Deutschen Nationalbibliothek

Die Deutsche Nationalbibliothek verzeichnet diese Publikation in der Deutschen Nationalbibliografie; detaillierte bibliografische Daten sind im Internet über http://dnb.d-nb.de abrufbar.

---

3. Auflage 2016 / ISBN 978-3-7698-1728-7
© 2009 Don Bosco Medien GmbH, München
Umschlag: ReclameBüro, München
Umschlagfoto: Manfred Lehner, Blue Cat Design
Illustrationen: Antje Bohnstedt
Notensatz: Nikolaus Veeser, Schallstadt
Satz: Don Bosco Medien GmbH, München
Druck: BoD, Books on Demand, Norderstedt

Gedruckt auf umweltfreundlichem Papier

Inhalt

- **6** Ein Wort zuvor
- **8** Wie Sie mit diesem Buch arbeiten können
- **12** Musik weckt Lebenslust

- **15** Wir sind die Ri-Ra-Rasselbande
- **24** Hei, so klingen unsre Lieder
- **35** Hände können klatschen, Füße wollen tanzen
- **43** Was Trommel und Triangel erzählen
- **57** Schlaf, mein Kind und träume
- **66** Musik aus der Steckdose
- **70** Hitparade für Groß und Klein

Ein Wort zuvor

Jedes Kind kann singen, summen und brummen oder viele andere Laute und Töne mit seiner Stimme produzieren. Schon die Allerkleinsten haben ihre reine Freude daran, Gegenstände aneinander zu reiben oder zu klopfen. Halten Sie einem Baby einen Schlüsselbund in Sichtweite, so wird es begeistert danach greifen und fasziniert sein von dem Geräusch, das da ertönt. Und welches Kind macht nicht mit dem größten Vergnügen Krach und Spektakel aller Art? Aber Kinder genießen auch stille Momente. Manchmal, wenn sich ein Kleines unbeobachtet fühlt und ganz bei sich selbst ist, hören wir mit Erstaunen, wie es einfach nur so summt oder auch selbst erfundene Wörter und Sätze vor sich hin singt.

Die meisten Kinder bringen Freude an jeder Art von musikalischer Betätigung mit. Wir möchten Sie mit diesem Buch dazu ermuntern, sich auf diese Freude einzulassen. Entdecken Sie gemeinsam mit Ihrem Kind oder den Kindern Ihrer Gruppe, wie viel Spaß es machen kann, wenn Sie miteinander singen, den Rhythmus eines Liedes mit Klatschen begleiten oder sich vielleicht im Takt einer flotten Musik drehen. Kinder machen es uns vor: Das ungezwungene Zupfen der Gitarrensaiten versetzt sie in helle Begeisterung, die sie auch spontan äußern. Und ist dies nicht Ansporn genug für uns Erwachsene, diese Begeisterung zu erhalten und sie mit unseren Jüngsten teilen zu wollen? Dazu gibt es viele Gelegenheiten: das Lied beim An- und Ausziehen, das Badewannenlied beim Duschen oder Baden oder ein gesungener Segensspruch vor einer Mahlzeit. Und natürlich gehören zu Familien- und Gruppenfesten ganz bestimmte, allseits bekannte und vertraute Lieder einfach dazu: das Geburtstagslied oder Adventslieder in der weihnachtlichen Zeit. In der Spielgruppe sind das Begrüßungs-, Aufräum- und Abschiedslied wichtige Markierungen im Tagesablauf. Schwungvolle Kinderlieder machen Spaß und lockern den Alltag in der Gruppe auf. Beim spielerischen Erkunden und Ausprobieren von Musikinstrumenten erzeugen bereits die Kleinsten mit Vergnügen verschiedenste Töne und Klänge. Und unter dem Motto „Wir machen heut Musik – und alle machen mit!" haben Groß und Klein ihren Spaß beim gemeinsamen Singen der Kinderlieder-Hitparade.

Allzu häufig reden wir Erwachsenen uns einfach nur ein, das Singen verlernt zu haben und nicht musikalisch genug zu sein. Vielleicht sind es Erinnerungen an unsere eigene Kindheit, die uns unsicher machen. Gemeinsames Singen und Musizieren sind scheinbar nicht mehr „in". Doch wenn wir erleben, wie unser Nachwuchs voller Elan beim Singen und Musizieren dabei ist und sich ungezwungen dazu bewegt – ist dies nicht Aufforderung für uns zum Mitmachen?

In der musischen Erziehung von kleinen Kindern ist vor allem eines von Bedeutung: Was kleine Kinder tun, das tun sie ganz. Mit allen Sinnen erobern sie sich ihre Umwelt. Und so ist das Tun an sich wichtig, das Erkunden und Ausprobieren, das Mitmachen und dabei Sein. Ganz gleich, ob Sie singen oder Bewegungen und Instrumente mit einbeziehen – Grundregel ist immer: Es gibt kein Richtig und kein Falsch! Bei den Kleinen werden Grundlagen gelegt: Das Gefühl für Rhythmus und Takt soll sich entwickeln, das Singen von einfachsten Melodien geübt und die Freude am musikalischen Ausdruck geweckt werden.

Wir wünschen Ihnen und Ihren Kindern viel Spaß beim Ausprobieren unserer Ideen. Lassen Sie sich anregen und gehen Sie gemeinsam mit Ihrem Kind oder den Kindern Ihrer Gruppe die ersten Schritte in die Welt der Musik mit ihrer unerschöpflichen Vielfalt an Ausdrucksmöglichkeiten.

Eva Reuys und Hanne Viehoff

Wie Sie mit diesem Buch arbeiten können

Unser Buch wendet sich an Erzieher/innen von Kindertagesstätten, in denen Kinder bis zu drei Jahren betreut werden; an Gruppenleiterinnen im Kindergarten, die sich zunehmend mit der Aufgabe konfrontiert sehen, Unter-Dreijährige in ihre Kindergartengruppe zu integrieren; Leiterinnen von Spiel- und Krabbelgruppen, die sich regelmäßig ein- bis zweimal wöchentlich mit Kindern und Eltern treffen, sowie an Tagesmütter, die Kinder in diesem Alter stundenweise betreuen. Und sicher werden auch Eltern in unserem Buch fündig, die sich Gedanken um eine frühe musikalische Förderung ihrer Jüngsten machen und wie sie diese spielerisch und altersgerecht umsetzen können.

Alle Vorschläge unseres Buches orientieren sich am Alter und Entwicklungsstand von Kleinkindern. Sie sind in der Praxis mit Kindergruppen entstanden. Die Angebote können immer auch von Erwachsenen mit gemacht werden, was für Eltern-Kind-Gruppen wichtig ist. Mit der Zeit entwickeln Kinder auch weiterführende oder ganz eigene Ideen. Lassen Sie sich darauf ein und ergänzen Sie das Bekannte. Kein Kind wird zum Mitmachen gedrängt. In der Kindergruppe ergeben sich immer wieder Situationen, in denen die Kinder voneinander lernen. Irgendwann will jedes Kind freiwillig das tun, was die anderen auch tun. Warten Sie, bis der Impuls, mitmachen zu wollen, vom Kind selber kommt. Unterstützen Sie und geben Sie Hilfestellung, wenn das Kind dies signalisiert. Selbstverständlich sollten musische Angebote in der Kleinkindergruppe immer von mehreren Erwachsenen begleitet werden. Unterschiedliche Bedürfnisse von Babies und Zwei- bis Dreijährigen erfordern manchmal schnelles und situatives Handeln!

Wir stellen in unserem Buch viele Ideen vor, wie Sie Kinder im Kleinkindalter zu allerlei musikalischen Aktivitäten anregen können. Dem Bedürfnis nach selbstständigem Experimentieren kommen unsere Spiele zum Krachmachen, zum Klappern und Scheppern entgegen. Material finden Sie im Baumarkt und im einschlägigen Fachhandel. Oder vielleicht hat eines Ihrer Kinder einen Großvater mit einer Hobbywerkstatt? Fast immer lässt sich hier beim Durchstöbern viel brauchbares Material finden, aus dem Opa für seinen Enkel und die Spielgruppe eine originelle Klangorgel herstellen kann.

Der erste Umgang mit Instrumenten will gelernt sein. Kinder sind von Natur aus neugierig und zeigen daher auch aus eigenem Antrieb ein großes Interesse an Musikinstrumenten aller Art. Unser Buch gibt Hinweise, wie Sie darauf eingehen können und den Kleinen viel Raum zum Ausprobieren und Experimentieren lassen können. Wir haben aus dem Orff-Instrumentarium eine kleine, begrenzte Auswahl an Musikinstrumenten zusammengestellt. Alles ist für kleine Kinderhände gut geeignet und einfach zu handhaben. Die meisten Ideen sind ohne viel Vorbereitung umsetzbar und lassen sich vielseitig variieren. Je nach Bedarf können sie mit einem oder zwei Instrumenten begleitet oder auch mit Klanggesten und Bewegungen kombiniert werden.

Rhythmus und Takt sind wesentliche Elemente eines Liedes oder eines Musikstücks. Kinder wollen sofort mitmachen, den Rhythmus in Bewegung umsetzen und nachahmen, was sie bei anderen sehen. Wir haben Lieder und Texte zusammengestellt, die bei den Kleinen ankommen und sie zum spontanen Mitspielen anregen.
An unserer kleinen Auswahl von beliebten, bekannten und neueren Kinderliedern werden Kinder unter drei Jahren ihre Freude haben. Die Melodien sind einfache Tonfolgen, die in verschiedenen Variationen nur leicht verändert wiederkehren. Das macht es den Kleinen leicht, mitzusingen. Das eine oder andere Lied ist in einer Kindergruppe bereits ein echter Hit

geworden. Die Kinder wollen es immer und immer wieder singen und es gehört schon zum festen Repertoire im Gruppenalltag. Nicht alle Lieder in diesem Buch enthalten eine Spielanregung. Die Texte sind meist so einfach, dass sich Klanggesten und einfache Spielformen ohnehin daraus ergeben.

Für kleine Kinder ist es oft noch sehr schwer, beim Gehen oder Laufen gleichzeitig zu singen. Lassen Sie sich nicht entmutigen, wenn Sie feststellen müssen, dass Sie wieder einmal allein gesungen haben! Fangen Sie einfach an mit Anhängespielen, indem Sie einem Kind die Hand reichen und die anderen hängen sich nacheinander an. So ziehen Sie gemeinsam als Schlange durch den Raum. Bei schneller werdendem Tempo bleibt es häufig nicht aus, dass die Kleinen die Hand ihres Nachbarn loslassen. Tücher, die zwischengefasst werden, sind hier eine Hilfe.

Kleine Kinder orientieren sich an uns Erwachsenen, sie schauen ab, was sie bei uns sehen. Da gibt es nur eins: mitmachen, mitsingen, immer wieder, die Finger tanzen lassen, wenn das gerade dran ist. Singen Sie mit Ihrem Kind oder den Kindern einer Gruppe, wann immer es möglich ist. Singen überbrückt Wartezeiten, Singen spendet Trost nach einem kleinen Missgeschick, Singen verbindet Groß und Klein. Vielleicht spielt jemand in der Familie oder im Betreuerteam ein Musikinstrument? Besonders spannend ist es für die Kleinen, wenn Sie es gemeinsam erkunden und allerlei Töne und Klänge daraus hervorbringen. Bei besonderen Gelegenheiten sind Eltern oder größere Geschwister meist gern bereit, ihr Instrument zur musikalischen Begleitung mitzubringen.
Musik aus dem Radio, dem CD-Player oder auch in öffentlichen Räumen gehört heute zum Alltag unserer Kinder. Wir zeigen an wenigen ausgewählten Beispielen auf, wie Sie diese gemeinsam mit Ihren Kindern anhören können.

Gerade im Bereich der Musik hat jeder Gruppenleiter seine eigenen Vorlieben und Fähigkeiten. Stehen Sie zu dem, was Sie können, oder auch nicht können, das wirkt auch auf andere überzeugend! Beziehen Sie Mitarbeiter und Eltern überall dort mit ein, wo diese zu Ihrer eigenen Unterstützung notwendig sind. Musik lebt vom Zusammenspiel der unterschiedlichsten Begabungen!

Viele weitere Lieder und Anregungen finden Sie auch in unseren anderen Büchern der Reihe „Jetzt kommen wir!". Lassen Sie sich inspirieren von unseren Ideen, die Sie weiter mit den Kindern Ihrer Gruppe ergänzen können!

Musik weckt Lebenslust

Musik ist eine „Sprache", die jedes Kind versteht. Ob Töne, Klänge, Melodien oder Rhythmen – kleine Kinder lieben Musik und zeigen uns dies auch spontan und ohne Umschweife. Schon sehr früh greifen sie das auf, was sie in ihrer Umgebung hören und machen es nach. So erfinden sie ihre eigenen kleinen Liedchen. Babys produzieren mit dem größten Vergnügen einen Singsang, ein Auf und Ab von höheren und tieferen Tönen. Und überall auf der Welt antworten Mütter in diesen melodischen Tonfolgen, wenn sie mit ihrem Nachwuchs Kontakt aufnehmen wollen. Die ersten Lieder für die Allerkleinsten ahmen etwas von diesem leiernden Singsang nach. Sie bestehen oft aus Dreiklängen oder sehr einfachen, sich immer wiederholenden Tonfolgen vom Grundton bis zur Quint und wieder zurück.

Schon sehr früh, etwa ab dem dritten Schwangerschaftsmonat beginnt sich das Gehör zu entwickeln. Viele Geräusche dringen da an das Ohr des Ungeborenen: Alltagsgeräusche im Haus, Lärm einer lauten und verkehrsreichen Straße oder unterschiedlich klingende Stimmen anderer Familienmitglieder. Doch das Allererste, was es hört und fest in seinem Gedächtnis speichert, ist der gleichbleibende Rhythmus des mütterlichen Herzschlags, das Rauschen und Pulsieren des Blutes in ihren Adern, aber auch Klang und Melodie ihrer Stimme. Dies ist Musik für das noch Ungeborene im elementarsten Sinn. Jedes spätere Hören und Produzieren von Musik greift auf diese ganz frühen Hörerfahrungen zurück.

Musik ist Sprache und Nahrung für die Seele zugleich. Moderne Hirnforscher bezeichnen Musik auch als eine „vorgeburtliche" Sprache. Sie ist international und wird von jedem Menschen auf der Welt verstanden. Musik ist ganz eng mit dem emotionalen Erleben verbunden. Kinder spüren dies meist sehr genau. Sie verstehen eine musikalische Botschaft direkt und ohne fremde Hilfe. Aber sie können auch eigene Gefühle und Stimmungen musikalisch zum Ausdruck bringen. Helle Töne erzeugen eine positive, fröhliche Grundstimmung; laute Musik wirkt aufmunternd, belebend und anregend und leise Klänge wirken auf Kinder beruhigend und entspannend. Im Stampfen mit den Füßen oder beim Trommeln mit den Fäusten erfahren Kinder etwas von der Stärke und Kraft, die in ihnen steckt. Deshalb lieben es gerade die Allerkleinsten, Krach und Spektakel zu machen. Ähnlich wie die Matsch- und Kritzelphase beim Malen und Basteln ist Krachmachen ein wichtiges Grundbedürfnis kleiner Kinder. Sie brauchen ein Ventil für starke Gefühle wie Ärger, Enttäuschung und Wut.

Es ist heute unbestritten, dass Musik im weitesten Sinne die Intelligenz fördert. Während die Kinder singen oder musizieren, ist ihr Gehirn ständig in Aktion. Zwar gibt es im Gehirn kein eigenes Zentrum für Musik oder Musikalität, aber es bilden sich doch bei jeder Art von musikalischer Tätigkeit eine Vielzahl an Verknüpfungen der unterschiedlichsten Hirnregionen. So wird beim Singen die Koordination von Gehör und Stimmorganen angeregt; beim Spielen der Liedtexte die Bewegungsfreude gefördert und Grundbewegungsarten wie gehen, laufen oder hüpfen trainiert; oder beim Musizieren mit Orff-Instrumenten die Feinmotorik und das Gefühl für Rhythmus und Takt angesprochen. Die Ausbildung der emotionalen Intelligenz ist gerade in den ersten Lebensjahren von besonderer Bedeutung, da kleine Kinder ganz vom eigenen Gefühl her denken und handeln. Musik fördert das Verständnis für Sprache auf der emotionalen Ebene. Es ist daher unbedeutend, ob ein Kind einen Liedtext auch wirklich versteht. Es macht mit und erspürt das Wichtigste. Manchmal fällt es einem Kind leichter, einen Text mitzusingen, als zu sprechen. So sind Singen und rhythmische Bewegungen immer auch eine gute Übung zur Spracherziehung. Für Kinder, die zuhause mit einer anderen Muttersprache aufwachsen, ist dies besonders wichtig. Sie haben meist weniger

Probleme, einen fremden Text zu singen, als sich in dieser Sprache auszudrücken.

Kinder in den frühen Entwicklungsjahren müssen ihr Gehör noch ausbilden und mit der eigenen Stimme in Einklang bringen. Töne und Klänge, die wir mit unserer Stimme oder einem Musikinstrument erzeugen, haben meist einen harmonischen Schwingungsverlauf, den wir als angenehm empfinden. Gut gestimmt zu sein, das verschafft ein positives Lebensgefühl, vermittelt Lebensfreude und stärkt das Selbstwertgefühl. Gemeinsam singen, mit anderen trommeln oder zu einem Lied klatschen – Musik ist auch ein Gemeinschaftserlebnis. Kleine Kinder machen mit, was die anderen tun und lernen dadurch, auf andere Kinder Rücksicht zu nehmen und sich in eine Gruppe zu integrieren. Miteinander Musizieren geht nicht, ohne Regeln einzuhalten. Manchmal muss ein Kind warten, bis es dran ist. Ein anderes Mal macht ein Kind den anderen etwas vor und steht für kurze Zeit im Mittelpunkt. Oft tun alle das Gleiche – für ein kleines Kind schon eine große Aufgabe, dann auch mit Konzentration und Ausdauer dabei zu sein.

Wir sind die Ri-Ra-Rasselbande

Überall auf der ganzen Welt suchen sich Kinder Gegenstände, mit denen sich Krach und Lärm erzeugen lässt. Alles wird ausprobiert, was scheppert, klappert, rappelt und rasselt oder Töne und Klänge von sich gibt. Im Kinderzimmer oder in der Küche findet sich vieles, was zum Krach machen geeignet ist: Auf einem umgedrehten Topf kann man mit einem Kochlöffel Geräusche produzieren oder mit einem Bauklotz gegen die Schranktür klopfen. Und wie hört es sich an, wenn zwei Löffel gegeneinander geschlagen werden oder ein Schneebesen auf einem Küchenbrettchen hin und her gerieben wird? Plastikteile klingen wieder anders als Holz, ein Schlüsselbund anders als ein Gegenstand aus Gummi. In der wärmeren Jahreszeit wird draußen nach entsprechenden Möglichkeiten gesucht. Wie hört sich das an, wenn ich mit einem Stock am Gartenzaun entlangratsche? Wie, wenn ich mit einem Stein gegen die Hauswand oder auf die asphaltierte Straße klopfe? Oder wie herrlich klingt das, wenn ich auf eine Blechdose schlage und ordentlich Krach machen kann? Die Kleinen sind meist richtig begeistert davon, wenn es ihnen gelingt, aus eigener Kraft heraus ein Geräusch oder einen Klang zu produzieren. Und sie wollen es immer und immer wieder tun.

Krachmacher

Klingelseil

Das brauchen Sie:
1 dickes Seil, 1 Fahrradklingel, Schraubenzieher, Tesakrepp, Schere

So wird's gemacht:
Das Seil muss so dick sein, dass die Halterung der Fahrradklingel sich gut daran befestigen lässt. Am besten, Sie probieren dies mit einer Klingel beim Einkauf aus. Für die Länge des Seils messen Sie den Abstand von der geplanten Haltevorrichtung bis zum Boden, also von einem Ast oder Haken aus gemessen bis zum Boden zuzüglich 60 cm. Machen Sie nun an einem Ende eine Schlaufe, die Sie mit Tesakrepp fest umwickeln. Die Schlaufe dient zum Einhängen in den Ast bzw. Haken. Das andere Ende wird ebenfalls fest mit Tesakrepp umwickelt, damit die Fasern des Seils nicht ausfransen können. Nun bringen Sie die Fahrradklingel an einer Stelle an, die von kleinen Kindern gut gesehen und betätigt werden kann. Ein lustiges Klingelkonzert entsteht, wenn Sie mehrere Klingelseile nebeneinander in einen Baum hängen. Dann können auch mehrere Kinder gleichzeitig eine Glocke betätigen.

Klangorgel

Hängen Sie Stahlrohre so nebeneinander, dass sie wie die Orgelpfeifen angeordnet sind. Kinder können an ihnen entlangratschen oder einzelne Rohre anschlagen. Meist macht es ihnen auch großen Spaß, nach passenden Materialien zu suchen, mit denen sie die unterschiedlichsten Geräusche hervorbringen können: Stöckchen, kleine Steine, Spielmaterial aus Plastik und dgl. Vom Wind in Schwingungen versetzt, ergeben sich wieder ganz andere Töne, die zum Hören und Lauschen anregen.

Das brauchen Sie:
7 Kupfer- und Stahlrohre in verschiedener Dicke und Länge: das längste Rohr ist 50 cm lang, die weiteren verkürzen sich jeweils um 5 cm, das kürzeste ist 20 cm lang, elektrischen Bohrer, Stahlsäge, Nylonschnur, Schere, evtl. Besenstiel

So wird's gemacht:
Die Rohre in den jeweiligen Längen zuschneiden. Am oberen Ende zwei gegenüberliegende Löcher bohren. Durch diese ziehen Sie die Nylonschnur und verknoten sie fest an beiden Seiten. Hängen Sie nun die Rohre in gleichmäßigen Abständen nebeneinander an einen Ast oder eine Stange. Gut eignet sich auch ein Besenstiel, der an in die Decke eingedübelten Haken befestigt wird.

Blechmusik

Blechdosen und Deckel in einen Baum oder an eine quergespannte Leine gehängt, machen bereits Musik, wenn der Wind sie in Bewegung versetzt. Richtig lärmend wird es dann jedoch, wenn die Kinder mit Stöckchen und Schlägel daraufschlagen. Da kann es dann auch schon einmal geschehen, dass sich Beulen bilden. Aber diese Instrumente sollen ohnehin nur einen Sommer lang halten.

Das brauchen Sie:
Mehrere Blechdosen und Deckel in verschiedenen Größen (natürlich nur Dosen und Deckel mit glattem Rand!), Paketschnur, Schere, Handbohrer oder Milchdosenöffner

So wird's gemacht:
Bohren Sie in die Mitte des Dosenbodens zwei Löcher nebeneinander im Abstand von 2 bis 3 cm. Das gleiche machen Sie beim Deckel, hier jedoch näher am Rand. Führen Sie die Paketschnur von außen durch das eine Loch und von innen durch das zweite Loch wieder hinaus und befestigen Sie die Enden der Schnur an einem Ast oder einer Leine. Probieren Sie aus, wie die einzelnen Teile hängen müssen. Sie sollen sich gegenseitig nicht behindern, jedoch nah genug beieinander hängen, damit sie aneinander reiben oder bei Wind aneinander schlagen können.

Ratschebrett

Schon immer war Omas Waschbrett ein beliebtes Ratsche-Instrument. Selbst die modernen Musikgruppen haben es für ihre Musik wiederentdeckt. Vielleicht finden Sie noch eines auf dem Trödelmarkt oder in einem Laden für alten Kram aus Haushaltsauflösungen? Es ist aber auch ganz einfach selbst herzustellen. Mit einem stabilen Stöckchen ratschen die Kinder auf dem Brett hin und her.

Das brauchen Sie:
Ein 30 x 50 cm großes Holzbrett, starke Wellpappe gleicher Größe, Holzleim und Rundpinsel, Plakafarben mit Borstenpinsel, Sprühlack, Stöckchen

So wird's gemacht:
Bestreichen Sie das Holzbrett mit dem Leim und kleben Sie die Wellpappe auf. Nach dem Trocknen können die Kinder das Brett bunt bemalen. Wenn zum Schluss Lack aufgesprüht wird, sieht das nicht nur gut aus, sondern dient auch der Stabilität. Wiederholen Sie diesen Vorgang ein

zweites Mal, dann erhält das Ratschebrett mehr Beständigkeit und überdauert auch einmal einen Regenschauer.

Rappelkiste

Alles, was rappelt, klappert oder klingelt kann in einer Kiste gesammelt und bereitgestellt werden. Wann immer die Kinder Lust dazu haben, können sie Gegenstände aussuchen, aneinander schlagen oder reiben, gegeneinander klopfen und viele eigene Geräuschvarianten erfinden.

So wird's gemacht:
Geben Sie in eine Holzkiste oder eine Spielzeugbox einige ausgewählte Gegenstände, mit denen unterschiedliche Geräusche und Klänge erzeugt werden können und die immer wieder einmal ausgetauscht werden: Kieselsteine, kurze Hölzer, Kochlöffel und Bambusstangen, mit unterschiedlichen Materialien gefüllte kleine Plastikflaschen und Dosen, Schlüssel am Schlüsselbund oder eine Fahrradklingel.

Rasselflasche

Mit wenigen Handgriffen wird aus einer Plastikflasche eine Rassel gemacht. Das Zubehör findet sich in jedem Haushalt.

Das brauchen Sie:
Mehrere 0,5 l Plastikflaschen mit Verschluss, Trichter, Material zum Einfüllen: Erbsen, Bohnen, Linsen, Reis, Weizenkörner u.ä., Löffel, Plakafarbe, Alleskleber

So wird's gemacht:
Füllen Sie jeweils eines der angegebenen Materialien in die Flasche und verschließen Sie diese gut – fertig ist die Rassel! Sie werden schnell merken, welche unterschiedlichen Laute sich ergeben können: Wenig Füllung erzeugt einen helleren, klirrenden Klang, eine halb volle Flasche klingt dumpfer. Je größer das Füllmaterial, desto klarer und deutlicher ertönt das Geräusch: Nur wenige Erbsen machen richtig Krach, aber mit vielen Erbsen in der Flasche lässt sich herrlich rasseln. Natürlich können die Kinder hier schon einiges selber machen, z. B. die Flasche oder den Trichter halten, vorsichtig das Material einfüllen und den Verschluss versuchen aufzusetzen. Damit jedes Kind seine Rasselflasche wieder erkennt, verziert es die Banderole mit jeweils einer anderen Plakafarbe und einem individuellen Muster. Zum Schluss geben Sie einige Tropfen Alleskleber an das Schraubgewinde der Flasche und drehen die Verschlusskappe fest zu.

Wir sind die Ri-Ra-Rasselbande

Text und Melodie: Hanne Viehoff

2. Wir sind die Ri-Ra-Rasselbande ...
   Klatschen ist ...

3. Wir sind die Ri-Ra-Rasselbande ...
   Stampfen ist ...

4. Wir sind die Ri-Ra-Rasselbande ...
   Trommeln ist ...

5. Wir sind die Ri-Ra-Rasselbande ...
   Klopfen ist ...

6. Wir sind die Ri-Ra-Rasselbande ...
   Klingeln ist ...

usw.

Begleitung mit Klanggesten und Instrumenten:
Die Kinder klatschen und stampfen im Grundschlag zu Refrain und Strophe. Mit der Handtrommel wird die „Trommelstrophe" begleitet, mit den Klangstäben wird geklopft. Beim „Klingeln" können Triangel oder Glöckchen eingesetzt werden usw.

Rassel, Rassel dreh dich!

Das beliebte Flaschendrehen wird hier abgewandelt und so gespielt: Die Rasselflaschen liegen unter einem Tuch, nur die Flaschenhälse schauen ein wenig darunter hervor. Nun ziehen Sie eine Rassel unter dem Tuch hervor und fragen: „Wem gehört die rote Rassel?" Versetzen sie diese mit einer kräftigen Drehung in Schwung und sprechen Sie den Vers: „Rassel, Rassel, dreh dich! Der/die ... *(Name des Kindes)* kommt und fängt dich!" Das genannte Kind versucht nun so schnell es kann, die Rassel zu greifen und macht den anderen Kindern vor, wie sich diese anhört. So erhalten alle Kinder nacheinander ihre Rassel und ein gemeinsames Rasselkonzert kann beginnen.

Bennis neue Rassel

Eine Geschichte zum Aufpassen und Mitmachen

Die Kinder sitzen am Boden oder im Stuhlkreis, die Rasselflaschen sind griffbereit. Jedes Mal, wenn in der Geschichte das Wort „Rassel" oder „rasseln" genannt wird, lassen sie kräftig ihre Flaschen rasseln.

Es ist Sonntag. Heute will Oma zu Besuch kommen. Benni freut sich schon riesig. Immer wieder läuft er zum Fenster. Ob Oma schon um die Ecke kommt? Da klingelt es an der Haustür. Mama hat bereits die Tür aufgemacht und schon liegt Benni in Omas Armen! Ob sie heute wohl wieder etwas mitgebracht hat?
Aus ihrer großen Tasche holt sie eine *Rassel*. Schön bunt ist sie und Benni will sie sofort ausprobieren. *„Rasselrasselrassel"*, so tönt es. Da kommt auch Bennis Papa dazu, um Oma zu begrüßen. „Oh, eine schöne *Rassel* hast du von Oma geschenkt bekommen!", sagt er. Benni ist ganz begeis-

tert von seiner neuen *Rassel*. Er will gar nicht mehr aufhören zu *rasseln*. Schon läuft er los zu seinem Freund Timo. Vielleicht hat der auch eine *Rassel?* Timo sucht in seiner Spielzeugkiste. Und wirklich, auch Timo hat eine. Da könnt ihr euch sicher vorstellen, wie das jetzt klingt, wenn beide miteinander um die Wette *rasseln:* „*Rasselrasselrassel!*".

Hei, so klingen unsre Lieder

Kinder singen für ihr Leben gern. Singen, Spielen, Töne und Geräusche produzieren und sich dazu bewegen, alles das ist für kleine Kinder etwas ganz Selbstverständliches. Oft erfinden sie ihre eigenen kleinen Liedchen und Geschichten, die sie in einem leiernden Singsang der staunenden Umwelt präsentieren. Viele alte und bekannte Kinderlieder greifen diese sehr einfachen Melodien auf. „Hänschen klein" oder „Fuchs, du hast die Gans gestohlen" kennt jedes Kind. Manches Lied wird gerade deshalb von den Kleinen so heiß geliebt, weil es so einfach und schlicht ist. Kinder können nicht genug davon bekommen. „Noch mal!" ist die oft an uns Erwachsene gerichtete Aufforderung, ein bestimmtes Lied immer und immer wieder zu singen.

Singen in der Gruppe macht einfach Spaß! Kinder und Erwachsene tun etwas gemeinsam. Da brauchen die Kleinen nur abzuschauen und hinzuhören, was die anderen machen, und schon sind sie mittendrin und dabei! Manchmal sind wir überrascht, wie sicher ein Kind nach nur einmaligem Singen eines Liedes Melodie und Text wiederholen kann. Andere Kinder öffnen und bewegen den Mund und tun so, als ob sie mitsängen. Wieder andere beteiligen sich mit Summen und Brummen in gleicher

Tonlage am gemeinsamen Singen. Alles das gehört dazu und bereichert jede Singstunde mit Kindern. Und die Erwachsenen? Wir müssen manchmal das Singen wieder neu lernen und vielleicht Ängste abbauen. Denn für die Kleinen sind wir Vorbilder, auch beim Singen. Da gibt es nur eins: mitsingen und mitmachen!

Mit Bewegungen oder Instrumenten kann jedes Lied begleitet werden. Um die Kinder nicht zu überfordern, werden immer die gleichen Bewegungen ausgeführt. Spielt ein Erwachsener ein Lied mit der Flöte oder begleitet es auf der Gitarre, so ist das für Kinder immer ein besonderes Ereignis. In vielen Einrichtungen gibt es auch ein Klavier, das schon eine Zeit lang nicht mehr gespielt wurde und nur darauf wartet, wieder benutzt zu werden. Kinderlieder mit ihren auf- und absteigenden Tonleitern sind auch für Ungeübte meist ohne Schwierigkeiten auf dem Instrument zu spielen.

Da sitzt ein kleines Käferlein

Text und Melodie: Hanne Viehoff

2. Es krabbelt hin, es krabbelt her
auf seinem grünen Blatt.
Und frisst sich satt!

3. Auf einmal, ach, du lieber Schreck,
da rutscht es von dem Blatt.
Und ist jetzt weg!

Hei, so klingen unsre Lieder

Text und Melodie: Hanne Viehoff

2. Hei, so klingen unsre Lieder,
   wenn wir singen immer wieder:
   So so so und so so so
   singen wir vergnügt und froh!

3. Hei, so klingen unsre Lieder,
   wenn wir singen immer wieder:
   Kling und klang und kling und klang,
   klingt so fröhlich der Gesang!

Mein kleines Murmeltier

Text und Melodie: Gisela Mühlenberg

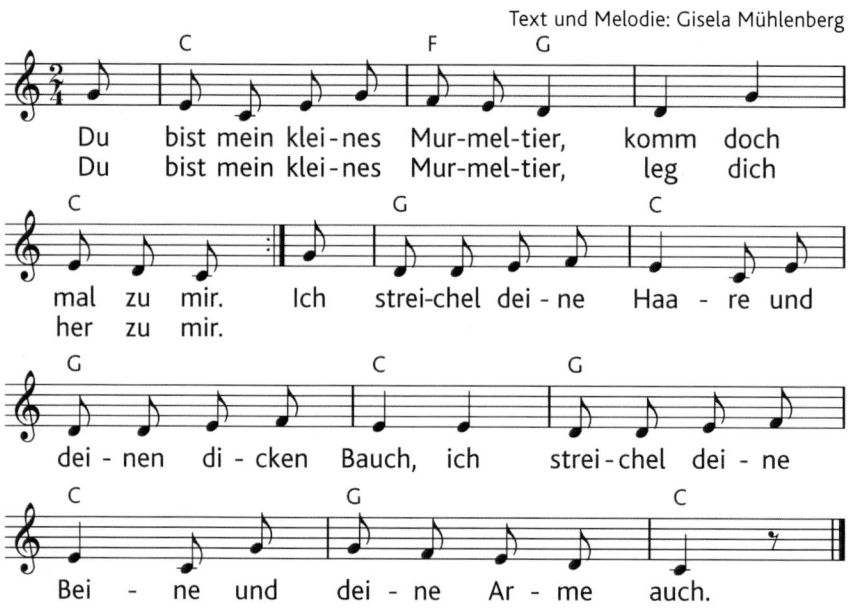

Du bist mein klei-nes Mur-mel-tier, komm doch mal zu mir. Ich strei-chel dei-ne Haa-re und dei-nen di-cken Bauch, ich strei-chel dei-ne Bei-ne und dei-ne Ar-me auch.

Du bist mein klei-nes Mur-mel-tier, leg dich her zu mir.

Guten Tag, Herr Doktor Bärenmann

Text: Eva Reuys, Melodie: Hanne Viehoff

1. Gu - ten Tag, Herr Dok - tor Bä - ren-mann, mein Ted - dy ist recht ü - bel dran. Sein glän-zend Fell ist schon ganz matt. Ich weiß nicht, was mein Ted - dy hat.

2. Seit gestern spricht er kaum ein Wort
   und jammert nur in einem fort.
   Ach, lieber Doktor Bärenmann,
   ist mein Teddy ernstlich krank?

3. „Gib ihm täglich diesen Tee,
   und der Bauch tut nicht mehr weh!"
   „Vielen Dank, auf Wiedersehn,
   wir wollen jetzt nach Hause gehn."

Mein Teddy im Arm

Text und Musik: Hanne Viehoff

1. Mein Teddy im Arm liegt weich und schön warm. Ich decke ihn zu, dann schläft er im Nu.

2. Meine Puppe im Arm
   liegt weich und schön warm.
   Ich decke sie zu,
   dann schläft sie im Nu.

3. Mein/e *(Name des Kindes)* im Arm
   liegt weich und schön warm
   Ich decke ihn/sie zu,
   dann schläft er/sie im Nu.

Eins, zwei, drei, kleine Bäcker kommt herbei!

Text: Eva Reuys, Melodie: Hanne Viehoff

1. Eins, zwei, drei, kleine Bäcker kommt herbei!
Heute woll'n wir Kuchen backen,
brauchen dafür viele Sachen.
Eins, zwei, drei, kommt alle jetzt herbei.

2. Eins, zwei, drei …
Mehl und Milch und Eier, Zucker
Und ein wenig von der Butter.
Eins, zwei, drei, kommt alle
jetzt herbei.

3. Eins, zwei, drei …
Wir, die Bäcker hier im Haus,
kneten einen Teig daraus.
Eins, zwei, drei, kommt alle
jetzt herbei.

4. Eins, zwei, drei …
Kommt er in den Ofen rein
Wird er bald gebacken sein.
Eins, zwei, drei, kommt alle
jetzt herbei.

5. Eins, zwei, drei …
Weil der Kuchen schmeckt
so lecker,
sind wir alle stolze Bäcker.
Eins, zwei, drei, kommt alle
jetzt herbei.

Wir wollen auf den Spielplatz gehn

Text und Melodie: Hanne Viehoff

2. Wir wollen …
   Auf der Rutsche rutscht ein Kind,
   saust hinab geschwind!

3. Wir wollen …
   Mit der Schaukel, welch Vergnügen,
   kannst du bis zum Himmel fliegen!

4. Wir wollen …
   Wippe, die geht auf und nieder,
   immer wieder, immer wieder!

5. Wir wollen …
   Und das kleine Karussell,
   dreht sich, dreht sich schnell!

Mit meinem roten Fahrrad

Text und Melodie: Hanne Viehoff

2. Mit meinem roten Fahrrad,
   da fahr ich zu dir hin.
   Ich fahre durch die ganze Stadt,
   bis ich bei dir bin.

3. Mit meinem roten Fahrrad,
   da fahr ich jetzt nach Haus.
   Dort bleibe ich bis morgen früh
   und ruh mich aus.

* Laufrad, Dreirad, Roller ...

Spielanregung:
Am besten singen und spielen die Kinder dieses Lied im Freien. Ein Kind fährt mit dem Laufrad, Dreirad oder Roller umher, bleibt bei einem Kind stehen und die Rollen werden gewechselt.

Tut, tut, ein Auto kommt

Text: überliefert, Melodie nach „Trara, die Post ist da"

Hummel, brumm herum

Text und Melodie: Dorothée Kreusch-Jacob

Brumm, brumm, brumm, Hum-mel brummt he-rum, sucht bei dir, mein klei-ner Schatz, ei-nen Hum-mel-lan-de-platz. Eins, zwei, drei! Dei-ne Na-se ist noch frei! Klei-ne Hum-mel, ruh dich aus, brumm ein Lied im Hum-mel-haus! sss

Hände können klatschen, Füße wollen tanzen

Singen, Spielen, Musik und Bewegung – für Kinder ist das in den ersten Lebensjahren eine Einheit. Ein Baby beginnt zu strampeln, wenn Musik ertönt. Mit wachsender motorischer Sicherheit haben Kinder einfach Freude an Bewegungen jeglicher Art. In Verbindung mit Musik – ganz gleich ob selbst gesungen oder von der CD – fällt es vielen auch leichter: Musik regt ganz spontan dazu an, sich zu bewegen. Fangen Sie einfach an, nehmen Sie die Kinder an die Hand und schon geht's los als singende, tanzende Schlange durch den Raum oder in den Garten!

Grundschlag – Takt – Rhythmus

Wir alle tun es fast schon automatisch, wenn wir Musik hören, die uns fasziniert: Wir wippen mit dem Fuß oder klopfen mit den Fingern. Tun Sie dasselbe mit Ihrem Baby, wenn aus dem Radio Musik ertönt oder lassen Sie es beim Kniereiterspielen kräftig auf Ihren Knien hopsen. So kann sich der *Grundschlag* in körperlichen Bewegungsmustern festigen.

Der *Grundschlag*, auch *Metrum* genannt, ist die Struktur jeder Musik und zieht sich gleichmäßig wie ein Puls ohne Veränderung durch das gesamte Musikstück. Das Metrum bestimmt das Tempo und darf nicht mit dem Rhythmus verwechselt werden.

Bewegungen – Klanggesten

Ein *Takt* mit vier Viertelnoten ergibt einen anderen *Rhythmus* als ein Takt aus drei Viertelnoten. Kleine Kinder erfassen den *Rhythmus* der Musik intuitiv. Sie *gehen*, *laufen* und *stampfen* bei einem Vierertakt und sie *schaukeln*, *wiegen* oder *drehen sich* bei einem Dreiertakt. *Klatschen* und *Patschen*, das können schon die Allerkleinsten. Schwieriger wird es beim *Pendeln* von einem auf das andere Bein, wodurch besonders der Gleichgewichtssinn geübt wird. Beim ersten Kennenlernen der Musik ist vor allem eines wichtig: Die Kinder sollen auf spielerische Weise ein Gefühl für *Takt* und *Rhythmus* entwickeln, indem sie von Anfang an jedes Lied oder ein Musikstück im *Grundschlag* mit *Klanggesten* und *Bewegungen* begleiten.
Ob die Kinder im Kreis sitzen, stehen oder gehen, in der Schlange sich bewegen oder frei im Raum sich aufstellen – alles ist möglich. Jüngere Kinder können *Klanggesten* und *Bewegungen* leichter am Platz machen, wenn sie in Blickkontakt zum Erwachsenen sitzen oder stehen. Anfangs machen alle das Gleiche. Mit zunehmender Sicherheit und Vertrautheit in der Gruppe können dann auch einzelne Kinder eine Bewegung vormachen, die von den anderen nachgemacht wird.

Wir singen und klatschen unseren Namen

Jedes Kind hat einen Namen, der besonders klingt und einen eigenen Rhythmus hat. Die Namen lassen sich gut in einer einfachen Singsangmelodie aus einer gesungenen Terz (Rufterz) umsetzen. Die betonte Silbe bekommt dabei meist den oberen Ton. Reihum wird jedes Kind so bei seinem Namen gerufen. Dazu werden die Silben geklatscht.

Tom Li - sa San - dri - na A - le - xan - der Ni - cole ...

Immer rundherum

Text: Hanne Viehoff, Melodie: überliefert

Li - sa, willst du mit mir gehn? Dich mit mir im
Tan - ze drehn? Rund he - rum, rund he - rum
tan - zen wir im Kreis he - rum, im - mer rund he - rum.

Spielanregung:
Ein Kind beginnt das Spiel, indem es auf ein zweites zugeht und dieses bei seinem Namen nennt. Beide fassen sich an den Händen und tanzen rundherum. Während das erste Kind sich setzt, sucht das zweite sich wieder einen Partner usw.

Was tun wir hier im Kreise?

Text und Musik: Hanne Viehoff

1. Was tun wir hier im Krei - se? Wir klat-schen laut und lei - se. Was tun wir hier im Kreis? Wir klat-schen laut und leis. Wir klat - schen, wir klat - schen, wir klat-schen laut und lei - se. Wir klat - schen, wir klat - schen, wir klat-schen laut und leis. Und der/die ... ... ist jetzt dran, zeigt uns, wie er/sie klat - schen kann!

2. Was tun wir hier im Kreise? Wir stampfen ...
3. Was tun wir hier im Kreise? Wir gehen ...
4. Was tun wir hier im Kreise? Wir hüpfen ...
5. Was tun wir hier im Kreise? Wir drehn uns ...
6. Was tun wir hier im Kreise? Wir tanzen ... *(Alle fassen sich an und gehen in Tanzrichtung. Oder jeweils zwei Kinder fassen sich an den Händen und drehen sich.)*

Maxi steigt die Treppe rauf

Text und Musik: Hanne Viehoff

Ma-xi steigt die Trep-pe rauf, steigt auch wie-der run-ter. Ja, so geht sein Ta-ges-lauf, klet-tern, das macht mun-ter. Doch am A-bend, ja, ich wett, fällt er mü-de dann ins Bett.

Sprechen (dabei leiser werden): und schläft ... und schläft ... und schläft.

Spielanregung:

Die Kinder stehen frei im Raum und gehen los, wenn das Lied gesungen wird. Die Begleitung auf dem Glockenspiel verdeutlicht musikalisch das Steigen rauf und runter. Beim Sprechvers „ ... und schläft" legen sich die Kinder auf den Boden, um dann bei der folgenden Wiederholung aufzuspringen und erneut loszulaufen. In Eltern-Kind-Gruppen sind Mama oder Papa die Anlaufstelle zum Ausruhen und Schlafen.

Wir tanzen hin und her

Text und Melodie: Hanne Viehoff

1. Wir tan - zen, wir tan - zen, wir tan - zen hin und her. Wir tan - zen, wir tan - zen. Das ge - fällt uns sehr!

2. Wir schunkeln, wir schunkeln, wir schunkeln hin und her …
3. Wir drehen uns, wir drehen uns, wir drehn uns hin und her …

Spielanregung:
Die Kinder stehen im Raum und bewegen sich in kleinen Tanzschritten am Platz. Bei der zweiten Strophe fassen sie die Hand eines anderen Kindes und pendeln zur einen und zur anderen Seite. Zum Schluss drehen sie sich zu zweit im Kreis herum.
Die Größeren können auch schon im Kreis tanzen: Alle gehen gemeinsam in einer Tanzrichtung, haken sich an den Armen unter beim Schunkeln und drehen sich bei der letzten Strophe paarweise.

Hört ihr die Uhren, sie ticken im Takt

Textbearbeitung: Hanne Viehoff, Melodie: überliefert

Hört ihr die Uh-ren, sie ti-cken im Takt.

Tick, tack, tack, tick, tack, tack, tick, tack, tack, tack.

Spielanregung:
Dieses Lied eignet sich gut zum Kennenlernen des Dreiertaktes. Betonen Sie jeweils die erste Note besonders, so ergibt sich ein wiegender Walzerrhythmus.
Die Kinder klatschen oder begleiten mit Klanghölzern.

Was Trommel und Triangel erzählen

Musikinstrumente üben eine große Faszination auf Kinder aus. Da können auch schon die Kleinsten Töne und Klänge hervorbringen. Es kommt ihrem ganzheitlichen Erleben entgegen, einen Gegenstand aus eigener Kraft mit den Händen betätigen zu können, der dann auch noch Musik ertönen lässt. Orff-Instrumente sind bereits für eine Kleinkindergruppe geeignet. Die Auswahl ist auf wenige Instrumente begrenzt: Handtrommel, Klanghölzer, Holzblocktrommel, Rassel, Schellenkranz, Glöckchen, Glockenspiel und Triangel, evtl. auch eine Klangschale. Je jünger die Kinder sind, desto weniger Instrumente sollten angeboten werden. Am Anfang sind Handtrommel und Schellenkranz ausreichend. Ob jedes Instrument nur einmal vorhanden ist oder einige auch für mehrere Kinder, wird sicher von den finanziellen Mitteln abhängen. Es lohnt sich jedoch, Klanghölzer, Rasseln, Schellenkranz und Glöckchen in Gruppenstärke zu erwerben, da diese Instrumente sich meist großer Beliebtheit erfreuen und sie vielseitig einsetzbar sind. Kaufen Sie Instrumente immer im Musikgeschäft oder bei den bekannten Firmen, die vorschulische Einrichtungen ausstatten. Plastikinstrumente aus der Spielwarenabteilung eines Kaufhauses erfüllen nicht den qualitativ hohen Anspruch, der an ein gutes Instrument gestellt werden muss. Alternativ können jedoch immer auch selbst gemachte Instrumente zum Einsatz kommen und nur Einzelstücke wie Handtrommel, Triangel und Glockenspiel nach und nach dazu kommen. Und nicht zuletzt freuen sich die Kinder, wenn Sie eine Gitarre, Flöte oder Geige mitbringen und damit eine bekannte Melodie vorspielen.

Erste Erfahrungen mit Orff-Instrumenten

Instrumente bieten eine schier unerschöpfliche Fülle an Möglichkeiten, sie mit allen Sinnen zu erforschen. Was gibt es da nicht alles zu entdecken: Das eine Instrument ist groß, ein anderes klein, ein Instrument aus Holz fühlt sich anders an als eines aus Metall, das eine gibt einen hellen, ein anderes einen dumpfen Ton von sich und das eine Instrument erzeugt immer den gleichen Laut, während sich mit einem anderen eine ganze Reihe von Tönen produzieren lässt. Jedes Instrument hat seine besonderen Eigenschaften, die zum Erkunden anregen.
Für kleine Musikanten eignen sich anfangs Handtrommel und Holzblocktrommel besonders gut, da diese fest auf einer Unterlage stehen können. Aber auch Instrumente, die mit den Händen gehalten und gespielt werden: Klanghölzer, Rassel, Schellenkranz und Glöckchen sind für kleine Kinderhände passende Instrumente. Kinder lieben ihren hellen Klang. Die Triangel wird am besten von einem Erwachsenen gehalten, so kann sie frei schwingen, wenn das Kind versucht, mit dem Schlägel dagegenzuschlagen. Für ein kleines Kind schon eine große Aufgabe! Mit beiden Teilen richtig umgehen zu können erfordert jedoch weit mehr Geschicklichkeit. Fürs allererste Musizieren sind auch spezielle Greiflinge sehr gut geeignet. Sie bestehen aus robustem Holz mit einem handlichen Griff. Es gibt sie als Rassel, Klapper, Glöckchen, Ratsche oder Xylophon. Um die Kleinen nicht zu überfordern, wird jedes Instrument einzeln eingeführt und so oft gespielt, bis es den Kindern vertraut ist.

Wir erkunden die Trommel

Beginnen Sie mit nur einem Instrument, das den Kindern genug Anreize zum Ausprobieren lässt und das robust genug ist für spielerische Exkursionen aller Art. Die Handtrommel ist für das erste Kennenlernen eines Musikinstrumentes besonders gut geeignet. Sie ist einfach in der Handhabung und wird die Kinder bei vielerlei Aktionen in der Kleinkindergruppe, aber auch weiter im Kindergarten bis in die Schule begleiten.

Die Kinder sitzen auf der Krabbeldecke. Sind Eltern anwesend, so ist der Platz auf Mamas Schoß immer richtig bzw., wenn die Erwachsenen auch am Boden sitzen, kann man es sich zwischen deren leicht gegrätschten Beinen gemütlich machen. Erzählen Sie, was Sie heute mitgebracht haben. Dabei nehmen Sie das Instrument in eine Hand und machen mit der anderen langsam und gleichmäßig mehrere Schläge. Sicher wollen die Kinder die Trommel jetzt auch anfassen. Sind nur wenige Kinder da, geben Sie ihnen nun die Gelegenheit, mit dem Instrument zu spielen. Begleiten Sie das Tun der Kinder sprachlich:

„Mit den Händen können wir darauf spazieren gehen, mit der flachen Hand kann man darauf patschen oder reiben, mit den Fingern darauf tippen: Tipp und tapp und tipp und tapp ... Wenn wir alle unsere Ohren spitzen, können wir da vielleicht auch etwas hören?"
Lassen Sie den Kindern Zeit, sich mit dem Neuen vertraut zu machen. Drängen Sie kein Kind, sich an dem Spiel zu beteiligen. Der Impuls, mitmachen zu wollen, muss vom einzelnen Kind selbst kommen. Vielleicht äußert ein Kind Abwehr, ein anderes Erstaunen, wieder eines zeigt sich neugierig und unbefangen, ein anderes zögernd und abwartend. Drehen Sie die Handtrommel auch einmal um und lassen Sie die Kinder auf diese Weise ihre Erfahrungen machen. „Wie klingt das jetzt, wenn wir das Gleiche tun?" Vielleicht wollen die Kinder das Instrument auch in beide Hände nehmen, so kann man es hin und her schwenken und dagegen klopfen. „Wie hört sich das jetzt an?" Wenn es sich zum Schluss noch anbietet, dann stellen Sie die Handtrommel noch einmal auf dem Boden ab und machen einige Schläge mit der flachen Hand darauf. Vielleicht regt es die Kinder zur Nachahmung an.
Kleine Kinder können sich noch nicht so lang konzentrieren. So kann es durchaus geschehen, dass ein Kind sich auf eigene Faust mit einem Schlägel in der Hand auf den Weg macht und im Raum allerlei Gegenstände anschlägt. Vielleicht will es auf diese Weise herausfinden, wie das klingt? Begleiten Sie das Kind, bis es wieder in die Gruppe zurückgefunden hat. Beenden Sie das Spiel in der Gruppe, wenn das Interesse der Kinder nachlässt.

In Eltern-Kind-Gruppen übernehmen die Eltern die Begleitung beim spielerischen Erkunden eines Instrumentes. Ein Erwachsener hält die Handtrommel und übergibt sie seinem Kind. So geht es reihum, bis alle Kinder in der Runde Gelegenheit hatten, mit dem Instrument ein wenig zu spielen. Sie werden sicher bald merken, wie viel Zeit die einzelnen

Kinder zum Kennenlernen brauchen. Geben Sie ihnen nach Möglichkeit diese Zeit!

Wiederholen Sie dieses erste spielerische Kennenlernen immer wieder einmal. Irgendwann ist der Zeitpunkt dann auch gekommen, mehrere Variationen mit der Handtrommel auszuführen: mit den Fingern einzeln klopfen, mit den Fingernägeln kratzen, oder Sie nehmen den Schlägel dazu und zeigen, was man alles damit machen kann: reiben und klopfen, langsam und schnell, laut und leise schlagen oder gegen den Holzrand klopfen. Und so könnte es sich anhören, wenn viele kleine Mäuschen über die Trommel huschen *(mit allen Fingerkuppen nacheinander locker und so schnell wie möglich trommeln)*.

Gemeinsam sind wir stark – kleine Trommler am Trommeltisch

Für größere Einrichtungen lohnt sich die Anschaffung einer Tischtrommel. Sie steht fest auf stabilen Holzbeinen und kann von mehreren Kindern und einem Erwachsenen gleichzeitig gespielt werden. Sie ist besonders gut geeignet für die Kleinen, die gern einmal laut und wild sind. Hier dürfen sie es sein und sich nach Herzenslust austoben. Gemeinsam laut und wild sein zu können, das baut Aggressionen ab und vermittelt den Kindern ein Gefühl von Kraft und Vitalität. Sie erleben, dass auch andere Kinder ähnliche Gefühle haben. Aber auch für die ruhigeren Kinder ist die Tischtrommel eine willkommene Anregung, Hemmungen abzubauen und eine gesunde Ichstärke zu entwickeln.
Es trommelt immer ein Erwachsener *gemeinsam* mit den Kindern. So kann eine indirekte Spielführung aufgebaut werden, die ohne Worte auskommt. Die Kinder machen einfach nach, was sie sehen und hören und der Spielleiter kann das aufgreifen, was er bei den Kindern beobachtet.

Die wilden und eher lauten Kinder dürfen sich zuerst austoben und werden dann zu immer leiserem, langsamem Trommeln geführt. Die schüchternen, eher ruhigen Kinder werden ermuntert nach und nach lauter und kräftiger zu werden. Sie erleben, dass andere Kinder ähnliche Gefühle haben wie sie selbst. Und sie machen die Erfahrung, dass sonst eher unerwünschte Gefühle auf diese Weise einen Ausdruck finden können. Das befreit und entlastet von manchem Druck, unter dem auch schon unsere Kleinen manchmal stehen. Mit der Zeit beginnen die Kinder, sich aufeinander einzustellen, voneinander zu lernen und etwas miteinander zu tun. So entwickelt sich bei ihnen allmählich ein gutes Wir-Gefühl. Dies wirkt sich dann auch positiv auf andere Gruppenaktivitäten aus.

Bim, bam, bommel – so klingt unsre Trommel

Die Kinder sitzen im Kreis. In der Kreismitte befinden sich die Handtrommel und der Schlägel. Reihum kann nun jedes einzelne Kind in die Mitte gehen und mit dem Schlägel auf der Handtrommel schlagen. Dazu sprechen alle diesen Vers:

Bim, bam, bommel –
so klingt unsre Trommel.
Ein jeder trommelt, wie er kann,
und ... *(Name des Kindes)* ist jetzt dran!

Was Trommel und Triangel sich erzählen

Halten Sie eine Handtrommel und eine Triangel bereit und spielen Sie das jeweilige Instrument, wenn es der Text vorgibt. Die Kinder können auch Bewegungen dazu ausführen, wenn sie dies schon können (Spielvorschläge in Klammern).

Ich bin die dicke Trommel. Wollt ihr wissen, welchen Namen ich habe? Herr Bommel werde ich genannt. Einen soooo dicken Bauch habe ich *(mit der Handfläche auf der Trommel reiben – Kinder reiben sich den Bauch)*. Beim Spazierengehen rufen alle Kinder mir zu: „Hallo, Herr Bommel, wie geht's denn heute so?" – „Bum bum" brumme ich nur *(zweimal mit der Hand schlagen – Kinder machen eine Faust und klopfen mit den Fingerknöcheln auf den Boden)*, denn heute habe ich einfach keine Lust, mit den Kindern zu spielen. Ich möchte es mir lieber gemütlich machen. Ich suche mir ein stilles Plätzchen zum Ausruhen *(einige leise Schläge und Handtrommel ablegen – Kinder kuscheln sich am Boden)*. Da kommt die Triangel daher. „Kling", ruft sie und noch einmal „kling" *(zweimal die Triangel schlagen)*. „Wie schön das Wetter heute ist. Und wie herrlich die Vögel in den Bäumen zwitschern!" *(einige leise Schläge auf der Triangel – Kinder rufen „Piep, piep, piep")*. „Da möchte man ja sofort mitmachen und singen: Piep, piep! Tirili, tirili!" *(einige Schläge auf der Triangel)*. „Und gar nicht mehr aufhören wollen! Kling, kling, klingelingeling, kling, kling, klingelingeling!" *(Triangel mehrmals schlagen und ablegen – Kinder rufen „Klingeling")*. „Was ist denn das für ein Lärm!", brummt Herr Bommel ärgerlich *(zweimal laut auf die Handtrommel schlagen – Kinder machen Lärm: klatschen, stampfen)*. „Kann man denn nirgendwo auf der Welt seine Ruhe haben?" – „Bum bum", so brummt er vor sich hin *(zweimal die Handtrommel schlagen – Kinder klopfen auf den Boden)*. „Ich glaube, ich habe Hunger. Am besten ist es wohl, ich gehe jetzt nach Hause und suche mir etwas zu essen. Mein dicker Bauch ist ja soooo leer!" *(mit der Handfläche reiben, mehrere Schläge mit der Hand und die Handtrommel ablegen)*. „Hihi, hihi", kichert die Triangel *(viermal schnell auf die Triangel schlagen)*. „Nun hat er schon einen soooo dicken Bauch und will schon wieder etwas essen!"

Klangstäbe, Hölzer & Co

Jedes Instrument hat seine eigene „Stimme", Klanghölzer, Klangstäbe oder die Holzblocktrommel erzeugen einen einzelnen, kurzen Klang. Sie sind daher sehr gut als Rhythmusinstrumente geeignet. In der Experimentierphase erkunden die Kinder spielerisch, was sich alles damit machen lässt: gegeneinander schlagen, reiben, klopfen, auf den Boden klopfen, fallen und kullern lassen, mit der Spitze antippen und über den Boden schleifen, Linien und Muster „zeichnen".

Die Hölzer machen klack, klack, klack

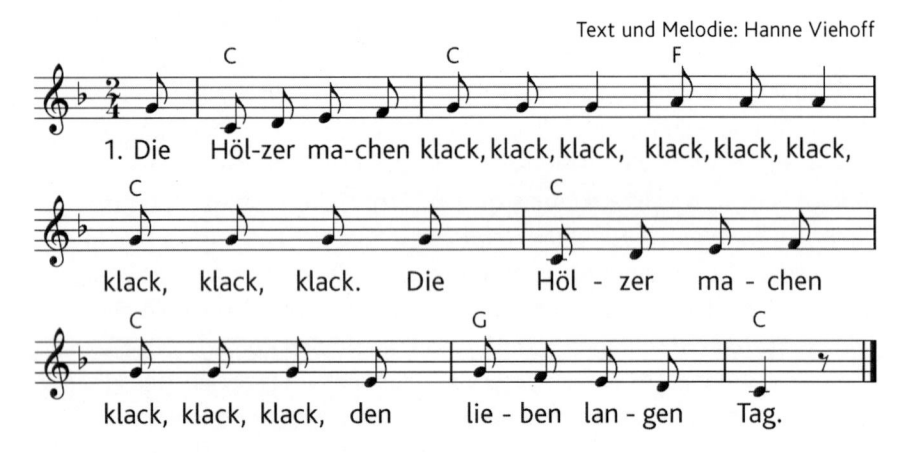

Text und Melodie: Hanne Viehoff

2. Die Löffel machen klack, klack, klack …
3. Die Klötze machen klack, klack, klack …
4. Der Bambus, der macht klack, klack, klack …
5. Die Kleinen machen klack, klack, klack …
6. Die Großen machen klack, klack, klack …
   (für Eltern: klatschen oder mit den Fingern schnipsen)

7. Der / Die ... *(Name des Kindes)* macht jetzt klack, klack, klack ...
8. Und alle machen klack, klack, klack ...
9. Und noch einmal das klack, klack, klack ...

Dieses kleine Lied kann sich zu einem regelrechten Ohrwurm entwickeln. Melodie und Rhythmus sind einfach, da können auch schon die Kleinsten mitmachen. Und manchmal erfinden sogar die Großen in der Gruppe neue Strophen, die dann von allen begeistert aufgenommen werden.

Spielanregung:
Auf einem Tuch in der Kreismitte liegen jeweils paarweise: Klanghölzer, Kochlöffel aus Holz, Bambusstöckchen, Bauklötze und andere Gegenstände aus Holz sowie eine einzelne Holzblocktrommel mit einem harten Schlägel. Für jedes Kind ist etwas Passendes dabei. Anfangs begleiten alle gemeinsam mit ihrem Instrument den Rhythmus des Liedes. Mit zunehmender Übung können Sie Variationen einbauen. Wie in einem richtigen Orchester spielen mal die einen – die anderen Instrumente sind dann still – oder auch nur ein einzelnes Kind führt sein Solo auf und alle hören zu. Mal spielen nur die Großen, ein anderes Mal die Kleinen.

Es regnet, es donnert, es blitzt

Die Kinder ahmen mit ihren Klanghölzern die verschiedenen Geräusche nach, die bei einem Regenschauer zu hören sind. Die Spielleiterin stellt den Donner auf der Handtrommel und den Blitz mit einem Schlag auf die Triangel dar.

Eine dicke, schwarze Regenwolke zieht am Himmel auf *(mit den Händen auf der Handtrommel reiben)*. Da kommt auch schon der Wind daher *(blasen)*. Hui, hui, zieht er durch die Straßen und rüttelt kräftig an den Bäumen. Man hört schon die ersten Regentropfen *(mit den Klanghölzern langsam und sehr leise klopfen)*. Schnell laufen die Menschen in ihre Häuser *(etwas schneller klopfen)*, denn schon prasselt der Regen auf die Straße *(immer schneller und lauter klopfen)*, es gießt, es schüttet *(ganz schnell klopfen)*. Von Ferne hört man ein leises Donnergrollen *(mit dem Schlägel leise auf die Handtrommel schlagen)*, das immer näher kommt *(langsam lauter schlagen)*. Da, ein Blitz zuckt durch die Luft *(ein Schlag auf die Triangel)*, und noch einer, noch einer *(mehrere Schläge auf die Triangel)*. Der Regen will gar nicht aufhören *(mit den Klanghölzern schlagen)*. Doch endlich wird es etwas ruhiger. Die dicke, schwarze Regenwolke ist weggezogen *(mit der Handfläche auf der Handtrommel reiben, dann Pause: alle Instrumente sind eine Weile still, alle legen ihr Instrument auf den Boden)*. Da kommt auch schon die Sonne wieder zwischen den Wolken hervor *(mit den Armen einen großen Kreis machen)*. Im Nu hat sie die Straße wieder getrocknet, ihre warmen Strahlen lecken die Regenpfützen auf. Und die Kinder laufen wieder hinaus ins Freie *(alle Instrumente sind im Einsatz)*.

Kling, Glöckchen, kling

Kinder lieben helle und klar klingende Töne. Schon das Baby dreht sein Köpfchen, wenn im Raum ein Glöckchen erklingt. Und mit großen, erstaunten Augen schauen die Kleinen, wenn ein Ton noch eine Weile nachklingt, wie z. B. bei der Triangel. Und erst einmal die Töne vom Glockenspiel und der Klangschale! Sie vibrieren eine Zeit lang, das fasziniert Kinder ganz besonders. Man kann ihren Klängen noch eine ganze Weile nachspüren. Spielt man viele Töne auf dem Glockenspiel so erklingt eine schöne Melodie. Wie groß ist der Stolz bei den Kindern, wenn sie diese sogar erkennen.

Glöckchenbänder

Glöckchenbänder lassen sich ganz schnell selbst herstellen. Die Kinder haben ihre Freude daran und können sie bei vielen Spielen entweder am Hand- oder Fußgelenk tragen. Ein längeres Band mit Klettverschluss lässt sich auch um die Taille legen. Im Handumdrehen verwandeln sich dann die Kinder in kleine Pferdchen, die mit lustig klirrendem Pferdchengeschirr umherlaufen.

Drei bis fünf kleinere und größere Glöckchen werden auf ein weiches, etwas breiteres Gummiband aufgenäht. Für die Länge nehmen Sie Maß am Handgelenk eines Kindes und schneiden das Gummiband etwas länger zu. Die beiden Enden werden nun übereinander gelegt und zusammengenäht, die Glöckchen auf dem Gummiband verteilt angeordnet und fest angenäht. An den Enden des Taillenbandes nähen Sie Klettverschluss auf, damit sich das Band schnell lösen und wieder schließen lässt.

Glöckchenlauf

Ein lustiges Glöckchenkonzert ist zu hören, wenn die Kinder mit ihren Glöckchenbändern am Handgelenk durch den Raum laufen. Ertönt die Triangel, so bleiben alle stehen. Auf ein neues Signal hin laufen alle wieder los. Ein anderes Mal tragen sie ihre Glöckchenbänder am Fußgelenk.

Meine Glöckchen sind verschwunden

Text: Hanne Viehoff, Melodie: überliefert

Mei - ne Glöck-chen sind ver - schwun - den, ich ha-be kei-ne Glöck-chen mehr. Ei, da sind die Glöck-chen wie - der, tra-la-la-la-la-la-la.

Spielanregung:
Das bekannte Lied „Meine Hände sind verschwunden", wird hier mit verändertem Text gesungen. Die Kinder tragen ihre Glöckchenbänder am Handgelenk. Bei den beiden ersten Zeilen lassen sie diese hinter ihrem Rücken verschwinden, es ist mucksmäuschenstill. Bei „Ei, da sind ..." kommen die Hände wieder hinter dem Rücken hervor. Die Wiederholung der letzten Zeilen wird klatschend im Grundschlag begleitet, ein lustiges Klingelkonzert ist nun zu hören.

Klingelkugel

Im Bastelgeschäft erhalten Sie durchsichtige Plastikkugeln, die man mit allerlei verschiedenen Dingen füllen kann. Geben Sie drei verschieden große Glöckchen hinein und verschließen Sie die Kugel gut mit Alleskleber. In Kinderhöhe aufgehängt, können die Kinder sie immer wieder einmal in Schwingung versetzen.

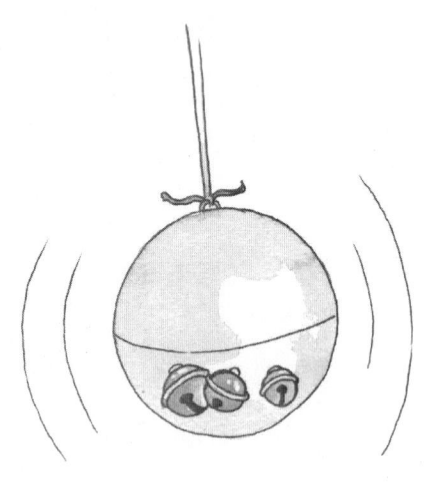

Schlaf, mein Kind und träume

Krach machen und laut sein – das macht kleinen Kindern einen Riesenspaß. Genauso wichtig ist es jedoch, ruhig und leise zu sein, nur zu horchen und zu lauschen. Ein gesundes Baby liegt auch einmal still in seinem Bettchen und tut „scheinbar" nichts. Aber wenn Sie leise und behutsam die Tür zum Kinderzimmer öffnen, dann verraten Ihnen die großen Augen und die Reaktionen Ihres Kindes, dass es alles wahrnimmt, was rundherum geschieht. Mit voller Konzentration, mit offenen Augen und Ohren ist es gerade dabei, seine Welt zu erfassen. Und wie groß ist dann die Freude, wenn es Mamas Stimme hört und diese wiedererkennt! Auf der ganzen Welt singen Mütter ihre Kinder mit Wiegenliedern in den Schlaf, beruhigen ihr Kind mit einer einfachen Melodie, wenn es sich weh getan hat oder lenken es auch einmal mit einem kleinen Liedchen ab, wenn es unruhig wird.

Im Alltag einer Kindergruppe geht es meist eher laut und geräuschvoll zu. Da ist es wichtig, dass die Kleinen, wann immer sie den Wunsch danach verspüren, sich zurückziehen können in eine stille Ecke. Auch helfen leise Spiele, Lieder zum Stillwerden oder Musik zum Träumen den Kindern zur Ruhe zu kommen.

Schlaf, mein Kind und träume

Text und Musik: Hanne Viehoff

1. Schlaf, mein Kind und träu - me, der Mond schaut durch die Bäu - me. Er schickt von sei - nem Sil - ber - schein ei - nen Strahl zu uns bei - den ins Zim - mer hi - nein. Schlaf, mein Kind und träu - me!

2. Still, mein Kind, ganz leise,
   der Mond geht auf die Reise.
   Ein kleines Wölkchen folgt ihm sacht,
   so wandern sie beide durch die dunkle Nacht.
   Still, mein Kind, ganz leise.

Schlaf, kleiner Bär

Text und Musik: Hanne Viehoff

1. Schlaf, klei-ner Bär, mach die Au-gen zu,
du und ich, wir bei-de ge-hen jetzt zur Ruh. Wir
ku-scheln uns ganz fest, in un-ser war-mes
Nest. Drum schlaf ein, klei-ner Bär, schlaf ein!

2. Schlaf, kleiner Bär und träume,
   der Silbermond, der blinzelt durch die Bäume.
   Sein sanftes, helles Licht
   scheint grad dir ins Gesicht.
   Drum schlaf ein, kleiner Bär, schlaf ein!

3. Schlaf, kleiner Bär, die ganze, lange Nacht
   ruhen wir uns aus, bis die Sonne wieder lacht.
   Du liegst in meinem Arm
   So sicher und so warm
   Drum schlaf, kleiner Bär, schlaf ein!

Die Sonne will gehen

Text und Melodie: Hanne Viehoff

1. Die Sonne will gehen fern am Himmelszelt,
   die letzten goldenen Strahlen verzaubern noch die Welt.

2. Es dämmert der Abend,
   ruhig wird der Wind;
   die Vögel in den Nestern
   schon eingeschlafen sind.

3. Die Nacht ist gekommen,
   es glänzt der erste Stern;
   große und kleine Lichter
   leuchten nah und fern.

4. Der Mond ist aufgegangen,
   seinen Weg er macht;
   die Kinder in ihren Häusern
   wünschen sich „Gute Nacht"!

Still, still, still, weil jeder hören will

Text: Eva Reuys / Hanne Viehoff, Melodie: überliefert

Still, still, still, weil je-der hö-ren will! Wir schlei-chen wie die Kätz-chen, auf sam-met-wei-chen Tätz-chen! Still, still, still.

Spielanregung:

An manchen Tagen ist es so laut im Gruppenraum, dass man sich kaum noch verständigen kann. Fangen Sie einfach an, das Lied zu singen, immer wieder, bis die Kinder, die gerade in der Nähe stehen, auch mitsingen. Dann gehen Sie singend von einem Kind zum anderen und tippen es leicht an der Schulter an. So wird dieses aufmerksam und sicher bald verstehen, dass es mitsingen soll. Mit der Zeit wird den Kindern dieses Ritual schon so vertraut sein, dass bald die Ersten mitsingen und es spürbar ruhiger wird. Wenn Sie vom freien Spiel zu einer ruhigeren Tätigkeit überleiten wollen, dann schleichen alle als Kätzchen hin zu dem Platz, wo diese stattfinden wird.

Wir wollen jetzt ganz leise sein

Kinder unter drei Jahren brauchen noch eine Zeit zum Ausruhen nach dem Mittagessen. Meist sind sie auch so müde, dass sie gerne schlafen, wenn es ruhig genug ist. Täglich wiederkehrende Rituale helfen ihnen dabei, von der aktiven Spielphase zur Entspannung zu finden. Nach dem Zähneputzen und dem Gang zur Toilette nimmt jedes Kind auf seiner Liege oder Matte Platz. Die wenigen Minuten bis alle Kinder die richtige Position zum Einschlafen gefunden haben bleiben Ihnen zur Einstimmung in die folgende Ruhezeit. Im Sommer dunkeln Sie den Raum leicht ab, während im Herbst und Winter eine Kerze angezündet wird. Begleiten Sie Ihr Tun mit dem Vers:
Wir wollen jetzt ganz leise sein,
und alle Kinder schlafen ein.

Wiederholen Sie den Vers einige Male. Zu Beginn sprechen Sie in normaler Lautstärke und Sprechtempo. Bei jeder Wiederholung werden Sie jedoch leiser und langsamer. Die zweite Zeile klingt aus, indem Sie mehrmals nur noch flüsternd sprechen: „... schlafen ein ... *Pause* ... schlafen ein ... *Pause* ... schlafen ein ..." Mit der Zeit werden vielleicht einige Kinder mitsprechen. So ist der Beginn des Verses schon für alle das Signal, jetzt still zu sein. Begleiten Sie die Kinder noch ein wenig weiter in den Schlaf hinein, indem Sie ein ruhiges Lied leise singen oder summen. Ein anderes Mal spielen Sie auf einem Instrument ein paar Takte oder eine sanfte Melodie. Auch ein Schlaflied von einer CD ist geeignet. Wählen Sie ein bestimmtes Lied aus, das Sie eine Zeit lang jeden Tag wieder spielen. Wenn noch nicht alle Kinder eingeschlafen sind, dann wiederholen Sie es und lassen es zum Schluss ganz leise ausklingen.

Musikempfehlung:
- Musik zur guten Nacht, *aus der Reihe: Hören, Lernen, Wachsen*
- World Music for Little Ears, *aus der Reihe: ellipsis arts*
- Dreamland / World Lullabies, *aus der Reihe: Putumayo – World Music*

Wir sitzen in der Höhle und horchen

Kinder lieben es, unter eine Decke zu krabbeln und mucksmäuschenstill zu sein. Ein Spalt breit Licht lässt es nicht zu dunkel werden in der Höhle. Manchmal tut es den Ohren einfach gut, wenn sie eine Pause machen dürfen. Dann halten die Kinder beide Hände an die Ohren und horchen in sich hinein. Jetzt ist es ganz still. Können wir die Stille vielleicht sogar hören?
Da erklingt eine Spieluhr oder eine leise Melodie auf dem Glockenspiel und die Kinder lauschen noch eine Weile den verklingenden Tönen nach. Das Ende wird eingeleitet, indem die Decke an einer Stelle langsam hochgezogen wird und es nun immer heller wird.

Stilles Glöckchen

Ein Kind ist das Hündchen, das schlafend in seiner Hundehütte (Reifen oder Teppichfliese) hockt. Die anderen Kinder geben ein Glöckchen mit Handgriff von einem Kind zum anderen weiter. Dabei müssen sie ganz vorsichtig sein und aufpassen, dass sie das Hündchen nicht aufwecken. Hört dieses einen Glöckchenton, so lässt es ein lautes Bellen ertönen.

Klingende, schwingende Kugeln

Die Kinder lieben Spiele mit Klingelkugeln (s. S. 56). Ohne Hilfe eines Erwachsenen lassen sich die Kugeln in Bewegung versetzen. Schon die Kleinsten können damit spielen und die etwas Größeren erfinden und probieren immer wieder Neues aus. Sie können dem Klang der Kugel nachspüren, sich gegenseitig die Kugel zurollen oder sie von Hand zu Hand weitergeben.

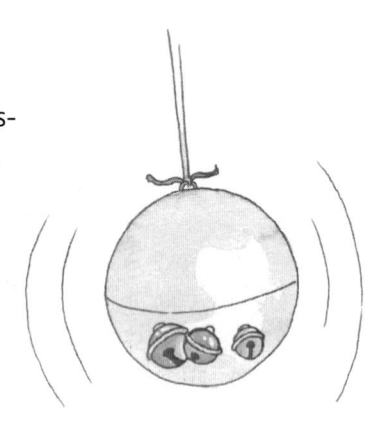

Kugel in der Schale
In eine große durchsichtige Plastikschüssel wird eine Klingelkugel gelegt und sanft in Schwingung versetzt.

Kugel im Reifen
In einem Gymnastikreifen lässt sich die Klingelkugel rundherum in Bewegung versetzen oder sie kann auch hin- und hergerollt werden.

Schwingende Kugel

Auf ein Schwungtuch wird eine Klingelkugel gelegt und hin- und hergeschaukelt. Mal ganz langsam und leise, mal etwas heftiger und lauter. Rollen Sie die Kugel zu einem Kind, das sie wieder in die Mitte zurück oder zu einem anderen Kind hin rollen lässt. Besonders mögen es die Kinder, wenn sie sich allein oder zu zweit unter das geschwungene Tuch auf den Boden setzen und die Ohren spitzen, um zu hören, was da über den Köpfen gerade geschieht. Lassen Sie zum Schluss die Kugel auch einmal herunterfallen. Natürlich wollen dann alle Kinder gleichzeitig die Kugel fangen. Damit das Schwungtuch jedoch noch weiter in den Händen bleibt, wird zuvor ein Kind ausgemacht, welches die Kugel wieder aufnehmen und in das Schwungtuch zurückwerfen darf.

Variante:
Zwei klingende Kugeln mit unterschiedlicher Füllung werden nacheinander auf das Tuch gelegt.

Musik aus der Steckdose

Schon ganz früh lernen unsere Kleinen, wie einfach es ist, Knöpfe und Tasten an den verschiedensten Geräten zu bedienen. Was sie bei uns sehen, wollen sie nachmachen. Aus dem einen Apparat kommen bunte Bilder, aus dem anderen eine Stimme oder Musik. Kinder wachsen heute ganz selbstverständlich in eine von Technik geprägte Welt hinein. Da ist es wichtig, ihnen den Wert und die Bedeutung eines technischen Hilfsmittels nahezubringen.

Klassische Musik übt auf kleine Kinder bereits eine große Faszination aus. Ungeborene reagieren schon im Mutterleib auf Musik. So entspannen sie sich bei Klängen von Mozart und Vivaldi, beginnen dagegen zu strampeln und sich zu bewegen bei Musik von Brahms, Beethoven oder moderner Popmusik. Auch in Kindertagesstätten wurde beobachtet, dass Kinder ruhiger und konzentrierter spielen, wenn leise klassische Musik ertönt. Wir wollen nicht einer Dauerberieselung das Wort reden. Aber es ist durchaus sinnvoll, ein ausgewähltes Musikstück gemeinsam anzuhören. Das ist für kleine Kinder immer ein besonderes Ereignis. Und ganz nebenbei erleben sie die entspannende und wohltuende Wirkung der klassischen Musik.

Klassik für kleine Ohren

Es gibt heute einige CDs mit klassischer Musik, die speziell für kleine Kinder geeignet sind. Zu empfehlen sind: „Mein Baby – Klassik für Mutter & Kind", "Baby Klassik" oder „Mozart – for my Baby". Sie enthalten einige ausgewählte, kürzere Musikstücke, die das Hörvermögen der Kleinen nicht zu sehr anstrengen. Elektronisch generierte Musik bzw. Musik vom Synthesizer ist dagegen weniger geeignet.

Gestaltungselemente:
Im Herbst oder Winter ist die richtige Zeit, um gemeinsam mit der Kindergruppe eine CD zu hören. Leise Aktionen stimmen die Kinder ein, zur Ruhe zu kommen und sich innerlich zu sammeln. So können sie für wenige Minuten die volle Konzentration auf das Hören richten. Weniger ist Mehr! Das gilt auch für die Auswahl eines Musikstückes. Eine Länge von drei bis sechs Minuten ist ausreichend. Damit die Kleinen nicht überfordert sind, wird dieselbe Sequenz ein- bis zweimal gespielt und zu einem anderen Zeitpunkt wiederholt. Beobachten Sie, wie die Kinder auf diese Musik reagieren! Vielleicht summen sie mit oder zeigen auf andere Weise, dass sie sich angesprochen fühlen. Dann ist diese Musik die richtige Wahl!

Die Kinder finden sich auf der Krabbeldecke ein. Ein CD-Player mit der ausgewählten Musik steht griffbereit in der Nähe und ist so eingestellt, dass er nur eingeschaltet werden muss, um die ausgewählte Sequenz abzuspielen. Eine Klangschale, ein großes Teelicht und Streichhölzer liegen ebenfalls bereit.
Beginnen Sie mit dem Lied „Still, still, still, weil jeder hören will!". Singen Sie anfangs in normaler Lautstärke und werden Sie immer leiser, bis fast nur noch geflüstert wird. Alle Kinder suchen sich nun auf der Krabbeldecke einen Platz und lassen sich dort in einer bequemen Haltung nieder.

Nun wird die Klangschale auf die Decke gesetzt. Stellen Sie das Teelicht hinein und zünden es an. Das sanft leuchtende Licht in der Schale wird seine Wirkung auf die Kinder nicht verfehlen. Sicher wollen sie ganz nah an die Schale herankommen, um sie berühren oder einfach nur staunend dabei sein zu können. Lassen Sie ihnen etwas Zeit, anzukommen und begleiten Sie das Tun der Kinder mit einfachen Sätzen. Wenn die Kinder zur Ruhe gekommen sind, dann schlagen Sie mit dem Klöppel einige Male leise an die Außenwand des Instrumentes. Lassen Sie den Ton lange nachklingen, bevor Sie den nächsten Anschlag machen. Vielleicht wollen jetzt auch die Kinder einen Klang erzeugen und es Ihnen nachmachen.

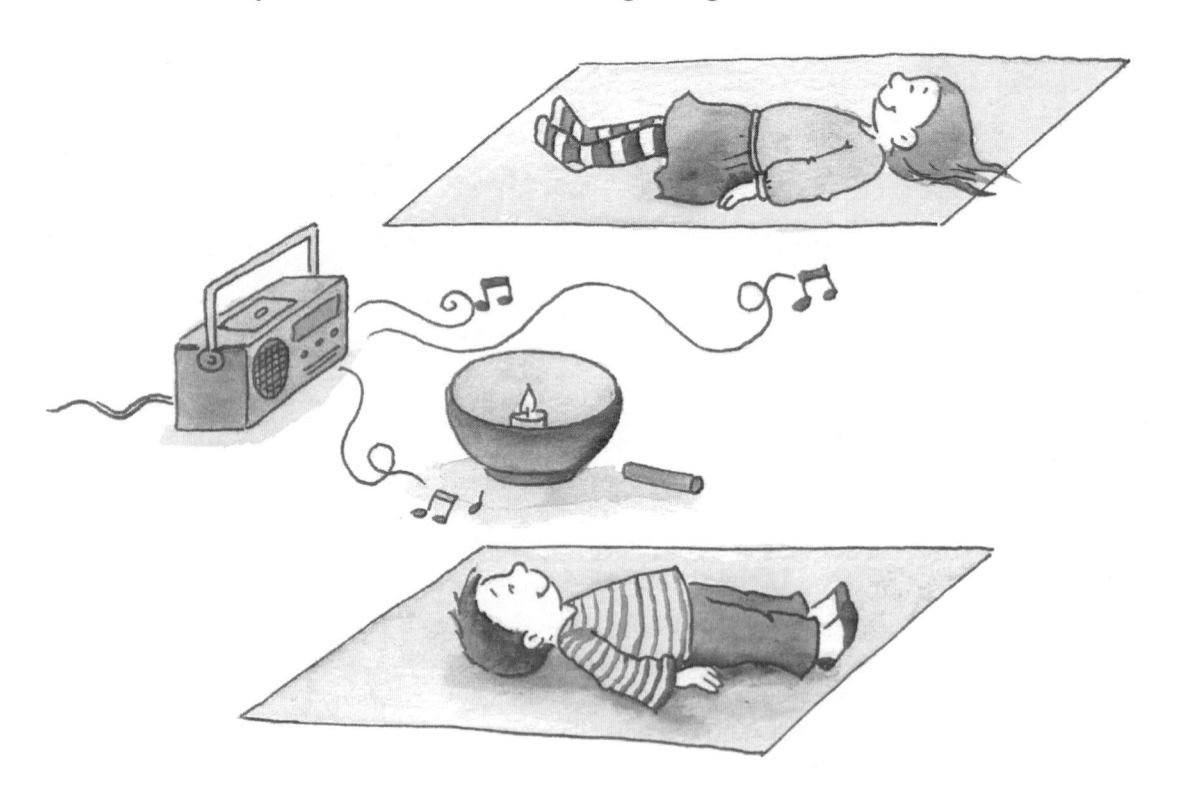

Legen Sie nach einer Weile den Klöppel zur Seite und regen Sie die Kinder dazu an, sich jetzt noch einmal ganz besonders bequem auf die Matte zu legen. Nun ist der richtige Zeitpunkt gekommen, um die Musik zu hören. Während die Kinder der Musik lauschen, können sie noch ein wenig vor sich hin träumen und ins Licht der Klangschale schauen. Wenn die Musik zu Ende ist, wird das Teelicht gelöscht. Der CD-Player wird wieder ausgeschaltet und die Klangschale findet ihren Platz dort, wo sie immer aufbewahrt wird.

Musikempfehlung:
- Antonio Vivaldi, Die vier Jahreszeiten: 1. Satz aus „Der Herbst" / 2. Satz aus „Der Winter"
- Wolfgang A. Mozart, Divertimento, KV 136, Allegro
- Wolfgang A. Mozart, Eine kleine Nachtmusik, Romanze
- Georg Friedrich Händel, Wassermusik, Menuett

Hitparade für Groß und Klein

Kinder erleben es immer seltener, dass in der Familie gemeinsam gesungen wird. Laden Sie doch die Eltern einmal zu einem Singnachmittag in die Kindergruppe ein! Unter dem Motto: „Wir machen heut Musik – und alle machen mit!" werden alte und neue Kinderlieder gesungen. Die Eltern erinnern sich bestimmt gerne an Altbekanntes und das Mitsingen dürfte ihnen nicht schwer fallen. Mit den Kindern wurden die Lieder immer wieder gesungen, so dass diese auch für sie nicht mehr unbekannt sind. Vielleicht kann ein Erwachsener die Melodie der Hitparade auf der Flöte mitspielen oder auf der Gitarre begleiten, dann finden Groß und Klein eine hilfreiche Unterstützung.

Einen Anlass zu gemeinsamem Singen gibt es immer wieder einmal: als Höhepunkt zum Abschluss eines Musikprojektes, als Überraschung bei einem Fest oder als Ständchen zu einer besonderen Gelegenheit.

Gestaltungselemente

Im Eingangsbereich begrüßt eine Buchstabengirlande mit dem Motto des Tages die ankommenden Gäste. Flotte Kinderlieder von der CD sorgen schon für Stimmung. Einzelne Noten hängen von der Decke herab und weisen den Weg in den Raum, in dem die Hitparade stattfinden wird. Dort werden die ersten Besucher mit einer kleinen Erfrischung empfangen. Natürlich bleibt ausreichend Zeit zur Begrüßung der Kinder und der Eltern untereinander. Der Raum ist mit Notengirlanden geschmückt. An den Wänden sind Plakate angebracht, auf denen die Lieder mit lustigen Noten zu lesen sind. Der Text in extra großen Buchstaben erleichtert das Mitsingen des Liedes, das gerade dran ist.

Sind alle eingeladenen Erwachsenen anwesend, dann kann es losgehen! Kinder und Eltern finden sich im Stuhlkreis ein. Dem Motto des Tages entsprechend machen alle mit: die Allerkleinsten in den Armen von Mama oder Papa oder auch liegend in der Babyschale; die Kleineren auf dem Schoß ihrer Eltern oder vor ihnen am Boden sitzend, die Größeren auf dem Stuhl im Kreis – geradeso, wie es sich ergibt. Instrumente, die zum Einsatz kommen werden, liegen in einer Box bereit. Gerade kleine Kinder spüren oft das Besondere einer solchen Aktion und reagieren mit Unruhe. Unterstützen Sie die Eltern darin, die Ruhe zu bewahren! Sollte sich ein Kind lieber von der Gruppe entfernen und im Raum herumlaufen wollen, dann wird es von einem Erwachsenen begleitet, bis es wieder zurück zu den Anderen findet.

Ist der Stuhlkreis komplett, kann die Hitparade starten. Die Spielleiterin ist gleichzeitig Vorsänger und Dirigent und hat einen Platz, an dem sie für alle gut sichtbar ist. Haben sich ein oder zwei Erwachsene gefunden, welche die Hitparade mit einem Musikinstrument begleiten, so sitzen oder stehen sie in Blickkontakt mit dem Dirigenten und der Gruppe. So können sie schnell auf die Situation eingehen, wenn Improvisation gefordert ist. Lieder, die den Gästen unbekannt sind, werden angesungen und kurz eingeübt. Die ersten ein bis zwei Takte können anfangs vorgesungen oder von einem Instrument vorgespielt werden. So können alle großen und kleinen Sänger beim erneuten Singen einstimmen in das Lied. Bei mehrmaligem Wiederholen steigern Sie langsam das Tempo, das bringt alle Sänger bald in Schwung. Bevor es nun endlich richtig losgeht, erhält jeder ein Instrument oder seine Rasselflasche.

Hitparade

Alle Lieder folgen nacheinander ohne Pause. Jedes einzelne Lied wird zweimal gesungen. Das Lied „Wir machen heut Musik und alle machen mit!" ist Einstieg, verbindendes Element zwischen dem einen und dem folgenden Lied, sowie Schluss der Hitparade. Ob die gesamte Hitparade dann noch ein zweites Mal gesungen wird, hängt von der Situation und der Aufmerksamkeit der Kinder ab. Ist eine weitere Aktivität mit Allen geplant, so leiten Sie zu dieser über. Bildet die Hitparade den Abschluss, so werden alle mit dem üblichen Abschiedslied verabschiedet. Danach kommen die Instrumente wieder in die Box und der Nachmittag klingt langsam aus.

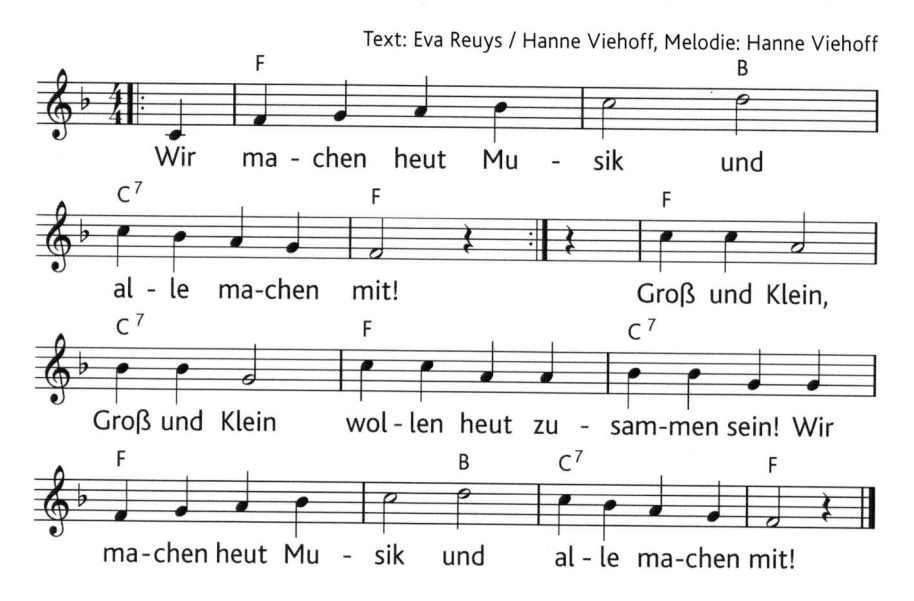

Wir machen heut Musik und alle machen mit

Text: Eva Reuys / Hanne Viehoff, Melodie: Hanne Viehoff

Wir ma-chen heut Mu-sik und al-le ma-chen mit! Groß und Klein, Groß und Klein wol-len heut zu-sam-men sein! Wir ma-chen heut Mu-sik und al-le ma-chen mit!

Ablauf der Hitparade:

Wir machen heut Musik und alle machen mit!
Wir machen heut Musik und alle machen mit!
Groß und Klein, Groß und Klein wollen heut zusammen sein!
Wir machen heut Musik und alle machen mit
(siehe Lied oben)

Al-le mei-ne Ent-chen schwim-men auf dem See,
Köpf-chen in das Was-ser, Schwänz-chen in die Höh.

Wir machen heut Mu-sik und al-le machen mit!

Häns-chen klein ging al-lein in die wei-te Welt hi-nein, Stock und Hut, steht ihm gut, ist gar wohl-ge-mut. A-ber Mut-ter wei-net sehr, hat ja nun kein Häns-chen mehr. Da be-sinnt, sich das Kind, eilt nach Haus ge-schwind.

Wir machen heut Musik und alle machen mit!

Es tanzt ein Bibabutzemann in unserm Kreis herum, widebum rum. Er rüttelt sich er schüttelt sich, er wirft sein Säcklein hinter sich. Es tanzt ein Bibabutzemann in unserm Kreis herum.

Wir machen heut Musik und alle machen mit!

Summ, summ, summ, Bienchen, summ he-

*[... rum. Ei, wir tun dir nichts zu Lei-de,
flieg nur aus in Wald und Hei-de. Summ, summ,
summ, Bien-chen, summ he-rum!
Wir machen heut Mu-sik und al-le machen mit!]*

Wir sind die Ri-Ra-Rasselbande,
wir sind bekannt im ganzen Lande.
Kommt alle zu uns her!
Rasseln ist ganz einfach, rasseln ist nicht schwer!
(siehe Lied S. 21)

Wir machen heut Musik und alle machen mit!
Wir machen heut Musik und alle machen mit!
Groß und Klein, Groß und Klein wollen heut zusammen sein!
Wir machen heut Musik, und alle machen mit!
(siehe Lied S. 73)

Notengirlande

An einer Leine, die quer durch den Raum gespannt wird, werden viele bunte Noten aufgehängt. Die Kinder können bei allem mithelfen: den Fotokarton bunt einfärben und verzieren, mit dem Locher oben zwei Löcher einstanzen und die Noten einzeln nacheinander auffädeln.

Buchstabengirlande

Wie bei der Notengirlande beschrieben, schneiden Sie die Buchstaben für das Motto „Wir machen heut Musik und alle machen mit!" aus und hängen sie im Eingangsbereich zur Begrüßung auf.

Kinder drucken „Noten"

Viele kleine, bunte Noten auf einem Tonpapier oder Fotokarton abgedruckt sehen lustig aus und passen zum Thema. Da können auch schon die Kleinsten mitmachen: den Zeigefinger in Farbe tauchen und solange auf einem Papier abdrucken, bis die Farbe nachlässt. Evtl. den Vorgang wiederholen, solange die Kinder mit Spaß und Konzentration bei der Sache sind. Nach dem Trocknen zeichnen Sie an diese bunten Notenbäuche überall die Notenhälse mit schwarzem Filzstift, vielleicht noch einige Notenschlüssel dazwischen – fertig ist ein buntes Papier, das Sie für die Raumdekoration oder Einladungskarten verwenden können. Direkt auf eine Papiertischdecke und Papierservietten gedruckt, erhalten Sie gleich eine fröhliche Tischdekoration.

Quellenverzeichnis

S. 27, *Mein kleines Murmeltier*, Text und Melodie: Gisela Mühlenberg
Aus: Gisela Mühlenberg, Budenzauber. Spiellieder und Bewegungsspiele für Spielgruppen und das gemeinsame Spiel zu Hause © 1992 Ökotopia, Münster

S. 34, *Hummel, brumm herum*, Text und Melodie: Dorothée Kreusch-Jacob
Aus: Dorothée Kreusch-Jacob, Martina Mair, Hol dir ein Gelb aus der Sonne. Meine schönsten Lieder © 2003 Patmos Verlag

S. 74, *Alle meine Entchen*, Text und Melodie: traditionell

S. 74, *Hänschen klein*, Text und Melodie: traditionell

S. 75, *Es tanzt ein Bi-ba-butzemann*, Text: aus „Des Knaben Wunderhorn", Melodie: traditionell

S. 75, *Summ, summ, summ*, Text: Heinrich Hoffmann von Fallersleben, Melodie: traditionell

Unter-Dreijährige in der Kita
Praxisbücher zur Förderung der Kleinsten

Wer Kinder unter drei Jahren betreut, braucht gute Ideen, Spiele und Aktionen, die schon die Allerkleinsten mitmachen können und die Kinder in unterschiedlichen Entwicklungsphasen gleichermaßen begeistern.

Eva Reuys / Hanne Viehoff
Jetzt kommen wir!
Ideen und Spiele für die 1- bis 3-Jährigen

jeweils ca. 84 Seiten, kartoniert, Illustrationen, Noten

Jede Menge Praxisideen, mit denen Kinder unter 3 Jahren ihre Persönlichkeit entdecken.

ISBN 978-3-7698-1570-2

Konkrete Angebote, die dazu beitragen, dass eine Gruppe zusammenwachsen kann.

ISBN 978-3-7698-1571-9

Wir erforschen unsere Welt

Im Sand buddeln und in der Natur mit allen Sinnen auf Entdeckungsreise gehen.
ISBN 978-3-7698-1589-4

Wir kleistern, kneten, klecksen

Kinder unter 3 Jahren sammeln erste Materialerfahrungen. Hier ist der Ideenfundus.
ISBN 978-3-7698-1590-0

Wir feiern miteinander!

Jahreszeitliche Rituale und Festideen für die Kleinsten – denn die wollen den Großen beim Feiern in nichts nachstehen.
ISBN 978-3-7698-1701-0

Wir krabbeln, klettern, hüpfen

Einfache und fantasievolle Spielideen von wild bis ruhig lassen die eigene Motorik entdecken und das Miteinander austesten.
ISBN 978-3-7698-1727-0